MODIFICATION DE LA LÉGISLATION FRANÇAISE

RELATIVE AUX UNITÉS FONDAMENTALES DU SYSTÈME MÉTRIQUE;

Par M. J.-René BENOIT,

DIRECTEUR DU BUREAU INTERNATIONAL DES POIDS ET MESURES.

(ANNEXE AUX *Procès-verbaux des séances du Comité international des Poids et Mesures*, SESSION DE 1905.)

MODIFICATION DE LA LÉGISLATION FRANÇAISE

RELATIVE AUX UNITÉS FONDAMENTALES DU SYSTÈME MÉTRIQUE;

Par M. J.-René BENOIT,

DIRECTEUR DU BUREAU INTERNATIONAL DES POIDS ET MESURES.

Depuis la dernière session du Comité international des Poids et Mesures, la question de la modification de la législation française, relative aux bases fondamentales des unités métriques, a enfin reçu une solution définitive. On se rappelle que le Président du Comité, Professeur Foerster, avait, en octobre 1900, attiré l'attention de M. Delcassé, Ministre des Affaires étrangères, sur l'anomalie que constituait la conservation, pour la France, de l'ancienne législation, datant de la fin du XVIIIe siècle, alors que presque tous les Gouvernements ayant adhéré à la Convention du Mètre et reçu les nouveaux prototypes avaient déjà pris les dispositions pour donner chez eux la consécration légale à ces prototypes, en se mettant ainsi d'accord avec l'esprit de la Convention et avec les décisions de la Conférence générale de 1889. M. Delcassé signala à son tour cette situation à son collègue M. Millerand, Ministre du Commerce, qui porta la question devant la *Commission de Métrologie usuelle du Bureau national des Poids et Mesures,* puis, à la suite d'un rapport présenté à cette Commission, devant le *Bureau national* lui-même.

A la suite des discussions qui eurent lieu, sur ce sujet, dans les séances du Bureau national des 10 et 17 juillet 1901, celui-ci adopta les résolutions suivantes :

« Vu la loi du 18 germinal an III;

» Vu la loi du 19 frimaire an VIII;

» Vu la loi du 4 juillet 1837;

» Vu les procès-verbaux de la Conférence diplomatique de 1875 et la Convention du Mètre du 20 mai 1875;

» Vu les procès-verbaux de la Conférence générale des Poids et Mesures de 1889;

» Vu le procès-verbal de la séance tenue le 1er février 1890 par la Section française de la Commission internationale du Mètre, et constatant la remise à M. le Directeur des Archives nationales du Mètre prototype n° 8 et du Kilogramme prototype n° 35, et des thermomètres-étalons nos 4337 et 4338;

» Considérant :

» 1° Que la Commission internationale du Mètre, dans les sessions du 8 août 1870 et du 24 septembre 1872, a pris la résolution de construire un Mètre international et un Kilogramme international, qui seraient déduits des étalons déposés aux Archives;

» 2° Que la Conférence diplomatique du 20 mai 1875 a consacré la substitution en principe de prototypes internationaux aux prototypes des Archives comme unités fondamentales des Poids et Mesures;

» 3° Que la Conference générale de 1889 a adopté, avec l'assentiment des représentants de la France, les prototypes du Mètre et du Kilogramme choisis par le Comité international;

» 4° Qu'il résulte, d'ailleurs, des études faites par la Commission française que ces prototypes reproduisent, d'une manière aussi exacte qu'il a été possible de l'établir, avec les meilleures méthodes scientifiques, les étalons des Archives;

» 5° Que les nouveaux prototypes, par la nature du métal et le mode de construction, se prêtent mieux aux comparaisons, et présentent plus de garanties d'inaltérabilité;

» Adopte :

» Le Bureau national, consulté sur la question de savoir s'il est nécessaire de faire prendre une loi ou de prendre un décret, afin de consacrer comme étalons nationaux les prototypes adoptés par la Conférence générale des Poids et Mesures en 1889, est d'avis qu'il y a lieu de présenter au Parlement un projet de loi, destiné à consacrer :

» 1° Comme bases du Système métrique, le Mètre international et le Kilogramme international sanctionnés par la Conférence générale des Poids et Mesures réunie à Paris en septembre 1889, et qui sont conservés au Bureau international des Poids et Mesures, au Pavillon de Breteuil (Sèvres);

» 2° Comme étalons légaux, pour la France, les copies des Prototypes internationaux déposées aux Archives nationales (Mètre n° 8, Kilogramme n° 35).

» Il a ensuite émis le vœu que les anciens prototypes déposés aux Archives nationales fussent conservés avec le plus grand soin, et ne fussent, sous aucun prétexte, employés à des comparaisons nouvelles. »

En même temps, le Bureau national chargeait M. R. Benoît de lui présenter un Rapport définitif sur la question, et communiquait les résolutions précédentes à M. le Ministre du Commerce, par une lettre du 18 juillet 1901, signée de M. Cornu, Président. A la fin de cette lettre était en outre exprimé le vœu que les propositions adoptées par le Bureau national fussent portées, avant la réunion de la 3e Conférence générale qui devait s'ouvrir au mois d'octobre suivant, à la connaissance du Président du Comité international des Poids et Mesures.

C'est ce qui fut fait; et, dans la 3e séance de la Conférence générale, tenue au Pavillon de Breteuil, le 18 octobre 1901, M. le Ministre du Commerce, qui présidait cette séance, annonça l'intention de donner satisfaction aux vœux exprimés ci-dessus, en prononçant les paroles suivantes :

« Je resterai dans mon rôle en vous annonçant que, pour se conformer à l'avis de notre Bureau national des

Poids et Mesures, le Gouvernement français saisira le Parlement d'un projet de loi destiné à consacrer, comme bases du Système métrique, le Mètre international et le Kilogramme international sanctionnés par la Conférence de 1889, qui sont déposés dans ce pavillon, et, comme étalons légaux, les copies des Prototypes internationaux déposées aux Archives nationales. »

Cette assurance permettait d'espérer que la réforme regardée comme nécessaire, et souhaitée par le Comité international, approchait de sa réalisation. A ce moment, cependant, se produisit un temps d'arrêt, provoqué par diverses causes, en particulier par la mort imprévue de M. Cornu. Ce n'est qu'en mars 1903 que le Bureau national reprit ses séances, sous la présidence de M. Mascart, et que put être présenté et discuté le Rapport de M. Benoît. Nous donnerons ici un résumé et quelques extraits de ce document, où se trouvaient exposées en détail les raisons qui militaient en faveur de la réforme, et qui a servi de base aux propositions finales du Bureau national, ainsi qu'aux nouvelles dispositions législatives adoptées par les pouvoirs publics en France.

L'auteur rappelait d'abord que, aux termes de la loi du 19 frimaire an VIII, confirmée par celle du 4 juillet 1837, et encore actuellement en vigueur, le système de Poids et Mesures, en France, avait encore pour bases les étalons (Mètre et Kilogramme en platine) qui furent construits à la fin du XVIIIe siècle, et déposés aux Archives nationales. Pendant trois quarts de siècle, en effet, les étalons des Archives ont joué ce rôle, c'est-à-dire qu'ils ont défini les unités fondamentales du Système métrique, et fixé, plus ou moins directement, par des comparaisons auxquelles ils ont servi de point de départ, les valeurs des étalons dérivés qui doivent être employés dans les applications de toute nature.

Dans l'intervalle, cependant, deux faits de la plus haute importance se sont produits, qui modifient profondément les conditions dans lesquelles on se trouvait il y a un siècle, et qu'il est impossible de ne pas prendre en considération. Le premier est le prodigieux développement, le progrès sans précédent, qui, dans cette période, ont marqué la marche de la science et de l'industrie humaines, dans toutes leurs branches; le second est l'extension progressive du Système métrique hors de France, l'acceptation plus ou moins complète de ce système par un grand nombre de nations étrangères, et l'entente internationale qui s'est finalement traduite par l'organisation du Service international des Poids et Mesures, tel qu'il existe aujourd'hui.

En ce qui concerne le premier point, on peut aisément montrer, par un certain nombre de citations empruntées à l'Ouvrage de Delambre intitulé *Base du Système métrique décimal,* que, à la fin du XVIIIe siècle, des grandeurs de l'ordre du centième de millimètre à peu près étaient considérées comme complètement négligeables et à peine accessibles aux observations, même dans les recherches scientifiques les plus précises. Dans le domaine des pesées, une exactitude de un milligramme sur un kilogramme paraissait très satisfaisante, et, dans la définition des petits poids, on ne songeait pas à aller au delà du demi-milligramme. Mais, depuis cette époque, les exigences, dans les mesures scientifiques, ont été continuellement en croissant; les méthodes et les appareils d'observation se sont transformés et ont subi de nombreux perfectionnements; les limites de la précision ont été considérablement reculées. Aujourd'hui la métrologie permet de garantir, dans la détermination d'un étalon de longueur, une approximation de deux ou trois dix-millièmes de millimètre, et même un peu au delà dans certaines conditions; dans la détermination d'une masse, une approximation du centième de milligramme sur un kilogramme, de quelques millièmes de milligramme sur des pièces plus petites. Toutefois, pour arriver à de tels résultats, il a été nécessaire de modifier et de perfectionner, en même temps que les procédés d'observation, les étalons eux-mêmes soumis à ces observations. « Aussi, pourrait-on dire qu'il s'est établi, entre l'étalon destiné à représenter l'unité ainsi que ses subdivisions et ses multiples, et l'instrument destiné à l'observer, une sorte de lutte, jusqu'à un certain point comparable à celle qui, dans un autre ordre d'idées, se produit entre le canon et la cuirasse. A mesure que l'instrument augmentait sa délicatesse, sa pénétration, sa puissance, l'étalon devait, par une marche parallèle, se perfectionner, changer sa forme et aussi ses dispositions, de manière à faire disparaître certaines causes d'erreurs ou d'incertitudes encore négligées, de manière à permettre une définition plus rigoureuse, plus dégagée des conditions extérieures, de l'influence des procédés d'expérimentation qu'on lui applique, de l'influence même de la personnalité de l'observateur qui en fait usage. C'est ainsi qu'on a vu, pour ne parler ici que des étalons de dimension, se substituer aux règles plates, minces, flexibles et fragiles, autrefois usitées, des barres rigides, indéformables, dans lesquelles la matière qui les constitue est utilisée au mieux pour la résistance et l'invariabilité. Dans l'étalon *à bouts,* où la longueur est définie par la distance des deux surfaces terminales, on s'est efforcé, en mettant en œuvre des moyens de construction et de contrôle de plus en plus perfectionnés, de réaliser aussi bien que possible la planimétrie et le parallélisme de ces surfaces : deux conditions extrêmement difficiles à satisfaire, et en dehors desquelles la définition de la longueur reste évidemment flottante entre des limites plus ou moins étendues. Dans d'autres cas, on a remplacé ces surfaces planes terminales par des calottes sphériques, la longueur étant alors définie par une disposition qui ne prête pas à la même critique. Dans toutes les applications où il s'agissait d'atteindre le plus haut degré d'exactitude, à l'étalon à bouts s'est substitué, depuis longtemps déjà, l'étalon *à traits,* qui est mieux adapté, en général, à l'expérimentation scientifique; qui, bien construit, est susceptible d'une définition extrêmement précise, et dont l'emploi ne comporte que des procédés d'observation purement optiques, incapables de produire sur lui la plus légère altération. On a imaginé de placer le tracé sur le plan des fibres *neutres* ou *invariables*, mis à découvert, ce qui rend la longueur indépendante du mode de support. Les tracés eux-mêmes, les surfaces qui les portent, ont aussi été l'objet d'études nombreuses, conduisant à de très notables améliorations. »

Le Rapport montrait ensuite comment les anciens prototypes des Archives de France, construits pour répondre à la précision qu'on recherchait à cette époque, et satisfaisant alors à leur objet d'une manière parfaite, ne pouvaient plus être considérés aujourd'hui comme répondant à notre conception de ce que doit être un étalon de premier ordre, conception que la Commission internationale s'est efforcée de réaliser le mieux possible dans les nouveaux prototypes internationaux et nationaux, en mettant à profit l'expérience acquise pendant près d'un siècle. Les conditions essentielles que doivent réunir les prototypes fondamentaux, appelés à fixer les valeurs de tous les autres et à donner, dans tous les domaines, les bases exactes de toute mesure, peuvent se ramener à deux ordres d'idées : premièrement l'inaltérabilité, l'invariabilité avec le temps; deuxièmement des dispositions propres à assurer, dans la définition de ces prototypes, et à permettre, dans les déterminations auxquelles ils doivent servir de point de départ, la plus haute précision réalisable, de manière à satisfaire aux plus sévères exigences de la science et des arts techniques.

« Le Mètre des Archives est en platine, tel qu'on savait le préparer il y a cent ans, c'est-à-dire obtenu en comprimant la mousse précipitée de ses dissolutions; il est certain qu'une telle matière ne présente pas les garanties d'homogénéité, de compacité, de dureté, qu'on peut demander à un métal ou à un alliage fondu. Ce mètre est une barre plate, mince, très flexible, aisément déformable, et qu'on ne manie jamais sans appréhension. C'est un mètre à bouts, définissant sa longueur par la distance des deux surfaces extrêmes, qui ne sont ni exactement planes, ni exactement parallèles. Ces surfaces portent, sous forme d'empreintes bien visibles, les traces des contacts qu'elles ont supportés dans les rares comparaisons auxquelles il a été employé; ces traces témoignent de la médiocre dureté de la matière, et justifient les craintes qu'inspirerait la conservation de l'unité, si ce mètre devait être soumis à des expériences répétées.

» Le Mètre prototype international a été fait en un alliage de platine et d'iridium, fondu, contenant 10 pour 100 d'iridium; alliage qui est dense, dur, compact, présentant un coefficient d'élasticité très élevé, un coefficient de dilatation faible, et qui a été soumis, avant son adoption définitive, à des épreuves extrêmement rigoureuses de diverses natures. Ce prototype est constitué par une très forte règle, à section dite en X, section calculée de manière que, en n'augmentant que de moitié environ le poids de la règle, c'est-à-dire la quantité de matière employée, elle donne à celle-ci une résistance trente-neuf fois supérieure à celle du Mètre des Archives, et par conséquent la garantit presque absolument contre toute déformation accidentelle. Le Prototype international est un mètre à traits; sa longueur est définie par la distance des axes de deux traits, fins et nets, qui ont été tracés au diamant sur une portion de surface polie spéculairement, et comprise dans le plan des fibres neutres, qui est à découvert dans toute la longueur de la règle.

» C'est la distance de ces traits que l'on s'est efforcé de faire aussi égale que possible à la distance des surfaces terminales du Mètre des Archives, les deux règles étant l'une et l'autre à la température de 0°. On est parvenu, par des artifices de construction et d'observation particuliers, à résoudre ce très difficile problème, dans les limites d'approximation des comparaisons les plus précises que l'on ait pu faire entre ces deux longueurs. On a donc pu dire que le nouveau prototype est une reproduction exacte de l'ancien mètre, et qu'on a conservé l'unité sans variation, ainsi qu'on se l'était proposé. Cela signifie-t-il que ces deux étalons sont équivalents, et également aptes à remplir le même rôle ?

» Non assurément. Ils sont identiques l'un à l'autre, dans ce qui leur est commun, dans ce qui est réellement mesurable dans l'un et dans l'autre. Mais le nouvel étalon permet d'aller plus loin, de mesurer avec sûreté des fractions que l'autre laisse et laissera toujours complètement incertaines, par sa nature même, par son mode de construction, par les procédés d'observation qui lui sont applicables. L'unité est restée la même; mais le Prototype international en définit la valeur avec une approximation notablement supérieure; on peut dire que, en passant de l'ancien étalon au nouveau, on a gagné une décimale. Il est donc aisé de comprendre dans quelle confusion tombaient quelques opposants qui, au début de l'œuvre de la Commission du Mètre, et n'en saisissant pas le sens et la portée, pensaient enfermer leurs adversaires dans ce dilemme, en apparence irréfutable : « Le Mètre des » Archives est ou bon ou mauvais; s'il est bon, il ne faut » pas le remplacer; s'il est mauvais, il ne faut pas le » copier. »

» En ce qui concerne le kilogramme, on a conservé la forme de l'ancien étalon, celle d'un cylindre ayant une hauteur égale au diamètre de sa base. Mais le Kilogramme des Archives avait été construit, comme le Mètre, en mousse de platine comprimée. Ici encore la médiocre dureté de cette matière, et, en plus, sa porosité probable, constituent de sérieux défauts. De tout temps, on a considéré cette dernière propriété comme assez à craindre pour que l'on n'ait jamais osé faire une détermination directe de la densité et, par suite, du volume de cet étalon, par pesée hydrostatique. Le volume a été, soit mesuré par une méthode stéréométrique, soit déduit de mesures linéaires, procédés relativement peu précis, le dernier surtout quand il est appliqué à un corps qui n'a pas une figure géométrique parfaitement régulière. Or, la connaissance du volume est l'un des éléments indispensables des pesées de précision. De ce fait il résulte, dans la valeur même de l'unité que définit le Kilogramme des Archives, un degré d'incertitude qu'il est difficile d'apprécier. Le Kilogramme international, construit en platine iridié à 10 pour 100 d'iridium, a été pesé dans l'eau, et son volume est connu avec une exactitude parfaite. »

La création de nouveaux prototypes métriques, beaucoup plus parfaits que les anciens, devait avoir des conséquences qui étaient tellement naturelles, on pourrait presque dire tellement forcées, qu'elles n'ont pas attendu la modification de la loi pour se produire. En effet, dès que ces prototypes ont existé, la force des choses a amené immédiatement les grands Services publics ou les Établissements de France, dans les attributions desquels entrent des mesures exactes à exécuter (Service géographique, Service du Nivellement, Section technique de l'Artillerie, Observatoire, Conservatoire des Arts et Métiers, Laboratoires d'Universités, Ateliers de construction de machines et instruments, etc.), à s'adresser au Bureau international pour faire vérifier, avec la précision dont ils avaient besoin, leurs étalons principaux, anciens ou nouveaux, par comparaison avec les nouveaux prototypes. Ainsi, on pourrait dire que la substitution des prototypes internationaux aux anciens étalons des Archives était déjà accomplie en fait, pour toutes les applications exigeant de la précision, longtemps avant d'avoir été inscrite dans la loi.

Le second ordre de raisons qui était à invoquer en faveur de la réforme proposée était tiré du rôle que la France a joué dans l'importante évolution qui s'est produite pendant le dernier tiers du XIXe siècle dans l'histoire du Système métrique, et de la part prépondérante qu'elle a prise à l'ensemble des événements qui ont amené l'état de choses actuel. C'est, en effet, le Gouvernement français qui, en 1869, a pris l'initiative de la convocation d'une Commission, composée de savants de tous les pays, et chargée de préparer la création des nouveaux prototypes. Un peu plus tard, en 1875, il réunissait à Paris une Conférence diplomatique, qui complétait et précisait l'entente internationale, en fondant le Bureau international des Poids et Mesures, auquel devaient être confiées, pour le compte de tous les États contractants, les études et les déterminations de haute métrologie. Enfin lorsque, en 1889, fut achevée l'œuvre, à laquelle les savants les plus éminents de notre pays avaient pris la part la plus importante, la France en a sanctionné les résultats, par la voix de ses délégués à la première Conférence générale. Ainsi, dans ses relations internationales, la France est liée par son adhésion à la Convention du 20 mai 1875, et par les votes de ses représentants à la Conférence générale de 1889, qui ont, en son nom, sanctionné, comme ceux des autres pays, l'œuvre de la Commission du Mètre et du Comité international, et reconnu par cela même comme étalons fondamentaux du Système métrique, devenu universel, les nouveaux prototypes déposés au Pavillon de Breteuil.

Cette extension de l'œuvre des savants français du XVIIIe siècle en était d'ailleurs la continuation naturelle, et entièrement conforme à leurs vues et à leurs désirs. Dans un court historique, le Rapport rappelait comment les promoteurs du Système métrique, préoccupés, dès le début, de faire une œuvre internationale et universelle, avaient, en effet, fait appel au concours des savants étrangers, et comment, malgré l'état troublé de l'Europe à cette époque, un certain nombre de délégués des pays alliés ou amis vinrent contribuer à fixer authentiquement et solennellement les unités du nouveau système. A trois quarts de siècle de distance, les savants les plus qualifiés de tous les pays sont encore venus apporter aux savants français leur collaboration dans la nouvelle phase de l'œuvre commune, qui ne pouvait être menée à bien, avec son caractère de généralité et de grandeur, que par l'institution d'une organisation internationale des Poids et Mesures, telle que celle qu'a établie la Convention du Mètre. Mais il convient d'ajouter que, cette fois comme la première, ce sont les savants et les artistes français qui ont assumé la tâche, et auxquels, pour la plus grande part, revient l'honneur de la création des nouveaux prototypes. On sait, en effet, qu'après la signature de la Convention la Section française de la Commission du Mètre resta chargée de la construction de ces prototypes; et c'était évidemment pour la France une raison de plus de donner à cette œuvre la consécration officielle définitive qui lui était demandée.

Après avoir rappelé enfin que le Bureau international des Poids et Mesures, qui a la garde des Prototypes métriques internationaux, a été établi en France, le Rapport formulait ses conclusions par les lignes suivantes :

« Notre conclusion est donc formelle : la loi française doit être modifiée, et les Prototypes internationaux reconnus par elle comme représentant les bases fondamentales de nos mesures. Elle doit être modifiée, parce que la France a pris, à cet égard, vis-à-vis des autres nations, des engagements qu'elle ne saurait protester; parce que, après avoir été elle-même la promotrice de l'évolution dernière qui s'est produite dans l'histoire du Système métrique, après avoir fait tous ses efforts pour la faire aboutir, après y avoir employé ses savants et ses artistes les plus éminents, après y avoir joué un rôle prépondérant, elle ne saurait, aujourd'hui que l'œuvre est faite et reconnue du monde entier, la répudier et rester seule en dehors du consensus universel qu'elle-même a désiré et provoqué. La loi doit être modifiée aussi, parce que les anciens étalons des Archives ne suffisent plus aujourd'hui à définir nos unités avec le degré de précision qu'exige, après un siècle de perfectionnements et de progrès incessants, l'état actuel de notre science, de nos arts techniques et de notre industrie; parce que cette insuffisance est tellement manifeste que, en réalité, la réforme que nous demandons dans la loi se trouve déjà accomplie en fait, par la force inéluctable des choses, depuis près de vingt ans; parce que la modification de la loi ne fera que donner une sanction officielle à une situation déjà existante, et qui ne pourrait être supprimée, par un retour en arrière — à supposer que ce fût possible, — qu'en mettant notre pays dans un état fâcheux d'infériorité vis-à-vis des autres.

» La loi devra, en même temps qu'elle reconnaîtra les Prototypes internationaux comme étalons fondamentaux du Système métrique, désigner les étalons dérivés qui, pour la France, représenteront désormais ces Prototypes, et deviendront ses étalons principaux ou ses prototypes nationaux. Ces étalons doivent être forcément pris parmi les prototypes nationaux, de construction identique à celle des internationaux, qui ont été remis aux représentants de la France, dans la Conférence générale de 1889. Définissant les unités avec le même degré de précision que les Prototypes internationaux, et ayant leurs valeurs parfaitement établies en fonction de ces derniers, ils permettront à notre pays, aussitôt que l'outillage de la section métrologique des Laboratoires d'essais du Conservatoire sera organisée, de se libérer de l'espèce de servitude dans laquelle il se trouve actuellement, pour toutes les applications qui demandent des mesures précises, vis-à-vis du Bureau international. Les étalons choisis pour jouer ce rôle devront être conservés dans des conditions de garantie particulières; n'être employés que rarement, pour des opérations de premier ordre; et être soumis, comme ceux de toutes les autres nations, à longues périodes qu'on fixerait suivant les circonstances, à des vérifications par les Prototypes internationaux, ayant pour but d'assurer l'invariabilité de notre système de mesures.

» Nous proposons de désigner, pour remplir cet office,

le Mètre et le Kilogramme qui ont été déposés aux Archives, après la distribution de 1889, et dont les valeurs exactes, en fonction des unités définies par les Prototypes internationaux, sont consignées dans les certificats qui les accompagnent.

» Quant aux anciens étalons des Archives, nous estimons qu'ils doivent être conservés désormais, avec les soins et, pour ainsi dire, le respect que justifie leur passé, comme des pièces historiques. Pendant un siècle, ils ont défini les unités fondamentales d'un système de mesures incomparablement supérieur à tout ce qui existait avant lui; à ce titre, ils ont joué un rôle important dans l'histoire de la science et de la civilisation humaines; ils ont été les représentants d'une conception grandiose; ils restent les témoins d'une grande œuvre, digne d'une éternelle admiration. Nous pensons qu'il faut leur laisser ce caractère; et nous ne saurions admettre qu'il convînt, parce qu'ils sont devenus insuffisants pour les applications les plus élevées de la science et de l'industrie, de leur assigner dans l'avenir un rôle inférieur, et d'en faire des étalons de troisième ou quatrième ordre, bons encore pour les applications ordinaires et pour les besoins communs du commerce. Leur attribuer cette fonction, à laquelle, d'ailleurs, ils conviendraient mal, ce serait, à ce qu'il nous semble, les abaisser, leur infliger une sorte de déchéance; les faire, pour ainsi dire, descendre du piédestal sur lequel nous voudrions les voir placés. »

Suivaient les résolutions précédemment prises par la Commission, et qui ont été reproduites plus haut.

Le précédent Rapport fut discuté dans les séances du Bureau national des 18 mars et 1er avril 1903, adopté, dans sa forme définitive, dans la seconde, et transmis au Ministère du Commerce, avec l'Annexe suivante :

AVIS DU BUREAU NATIONAL.

Dans sa séance du 1er avril 1903, le Bureau national des Poids et Mesures a, conformément au désir exprimé par M. le Ministre du Commerce, de l'Industrie, des Postes et des Télégraphes, dans la lettre du 14 juin 1901, émis l'avis de libeller ainsi qu'il suit le projet de loi dont le Parlement doit être saisi :

Article premier.

L'article 2 de la loi du 19 frimaire an vii est remplacé par la disposition suivante :

Les étalons prototypes du Système métrique sont le Mètre international et le Kilogramme international, qui ont été sanctionnés par la Conférence générale des Poids et Mesures tenue à Paris en 1889, et qui sont déposés au Pavillon de Breteuil, à Sèvres.

Les copies de ces Prototypes internationaux, déposées aux Archives nationales (Mètre n° 8 et Kilogramme n° 35), sont les étalons légaux pour la France.

Art. 2.

Le Tableau des mesures légales annexé à la loi du 4 juillet 1837 sera modifié, conformément à l'article précédent, par décret rendu après avis du Bureau national des Poids et Mesures.

Ce projet de loi fut soumis à la Chambre des Députés par un décret du 19 mai 1903. Il fut transmis à l'examen d'une Commission, au nom de laquelle M. Astier, député, présenta à la Chambre un Rapport, dans lequel il faisait un historique complet de la question et exposait à son tour les arguments développés dans le Rapport du Bureau national. Il concluait dans les termes suivants :

« Quel a été le rôle de notre pays lors de la réunion de ces diverses Commissions diplomatiques, sur lesquelles le Gouvernement s'appuie pour vous soumettre le projet de loi?

» C'est lui qui a provoqué la réunion de la Commission

internationale du Mètre en 1872; il a, lors de la Conférence diplomatique du Mètre de 1875, consacré, comme les autres pays, la substitution, aux Prototypes des Archives, des Prototypes internationaux; ses représentants à la Conférence générale de 1889 ont adopté les prototypes choisis par le Comité international.

» La France a pris, vis-à-vis des autres nations, des engagements qu'elle ne saurait oublier; et, comme la plupart des pays étrangers, elle doit inscrire dans sa législation la reconnaissance des Prototypes internationaux comme des prototypes définitifs, et adopter les étalons métriques fournis par le Bureau international comme représentant les unités métriques.

» Le projet de loi qui vous est soumis aura pour effet de supprimer la situation d'exception dans laquelle se trouve, en ce qui concerne le Système métrique, notre pays, auquel revient la gloire de l'avoir fondé. Il a été déposé, à la suite d'un engagement pris par le Ministre du Commerce à la troisième Conférence générale des Poids et Mesures, tenue au Pavillon de Breteuil au mois d'octobre 1901.

» Votre Commission ne peut, dans ces conditions, que vous demander d'approuver le projet de loi présenté par le Gouvernement. »

Ce Rapport fut présenté à la Chambre dans la séance du 11 juin. Adoptées sans difficulté par le Parlement, les nouvelles dispositions législatives furent immédiatement publiées au *Journal officiel* et insérées au *Bulletin des Lois*.

Il restait, comme conséquence, à satisfaire à l'Article 2, concernant les modifications à apporter au Tableau des mesures légales, qui, annexé à la loi du 4 juillet 1837, était resté jusqu'alors la base de l'enseignement du Système métrique en France. Ce Tableau a été reproduit dans un grand nombre d'ouvrages d'enseignement, et l'on peut le trouver dans tous les volumes successifs, jusqu'à 1902, de l'*Annuaire du Bureau des Longitudes*. Non seulement il était nécessaire, pour mettre ce Tableau en accord avec la nouvelle loi, d'y substituer la mention des nouveaux Prototypes internationaux à celle des anciens étalons des Archives, comme représentant les unités fondamentales du Système métrique, mais il y avait lieu, en même temps, d'en faire disparaître ou d'y modifier certaines définitions, qui, considérées comme exactes à l'époque où il fut fait, ne sont plus aujourd'hui conformes aux idées des hommes de science ni aux décisions prises par les corps savants les plus autorisés. Le Bureau national chargea encore M. Benoît de lui présenter, sur cette question, un second Rapport, qui fut adopté dans la séance du 28 juillet. On trouvera ce Rapport reproduit *in extenso* en *Annexe* de cette Notice, ce qui dispense ici de plus longues explications. Le décret, complément de la loi, fut rendu immédiatement, conformément aux propositions du Bureau national. Nous donnons ci-après une copie complète de la nouvelle loi et du décret annexe.

RÉPUBLIQUE FRANÇAISE.

LOI DU 11 JUILLET 1903

relative aux unités fondamentales du Système métrique.

Le Sénat et la Chambre des Députés ont adopté,

Le Président de la République promulgue la loi dont la teneur suit :

ARTICLE PREMIER.

L'article 2 de la loi du 19 frimaire an VIII est remplacé par la disposition suivante :

« Les étalons prototypes du Système métrique sont le Mètre international et le Kilogramme international, qui ont été sanctionnés par la Conférence générale des Poids et Mesures, tenue à Paris en 1889, et qui sont déposés au Pavillon de Breteuil, à Sèvres.

» Les copies de ces prototypes internationaux, déposées aux Archives nationales (Mètre n° 8 et Kilogramme n° 35), sont les étalons légaux pour la France. »

ART. 2.

Le Tableau des mesures légales annexé à la loi du 4 juillet 1837 sera modifié, conformément à l'article précédent, par décret rendu après avis du Bureau national des Poids et Mesures.

La présente loi, délibérée et adoptée par le Sénat et la Chambre des Députés, sera exécutée comme loi de l'État.

Paris, le 11 juillet 1903.

ÉMILE LOUBET.

Par le Président de la République :

Le Ministre du Commerce, de l'Industrie, des Postes et des Télégraphes,

GEORGES TROUILLOT.

DÉCRET DU 28 JUILLET 1903

portant modification du Tableau des mesures légales.

Le Président de la République française,

Vu la loi du 11 juillet 1903 relative aux unités fondamentales du Système métrique, et spécialement son article 2, ainsi conçu :

« Le Tableau des mesures légales annexé à la loi du

4 juillet 1837 sera modifié, conformément à l'article précédent, par décret rendu après avis du Bureau national des Poids et Mesures » ;

Vu la loi du 4 juillet 1837 rendant obligatoire en France le Système métrique décimal institué par les lois des 18 germinal an III et 19 frimaire an VIII et le Tableau des mesures légales annexé à ladite loi ;

Vu le procès-verbal de la séance tenue, le 28 juillet 1903, par le Bureau national, scientifique et permanent, des Poids et Mesures ;

Sur le rapport du Ministre du Commerce, de l'Industrie, des Postes et Télégraphes.

DÉCRÈTE :

ARTICLE PREMIER.

Le Tableau des mesures légales, annexé à la loi du 4 juillet 1837, est remplacé par le Tableau suivant :

TABLEAU DES MESURES LÉGALES.

NOMS.	VALEURS.	SIGNES abréviatifs.
	Mesures de longueur.	
Myriamètre........	Dix mille mètres.................	Mm.
Kilomètre.........	Mille mètres.....................	km.
Hectomètre........	Cent mètres......................	hm.
Décamètre.........	Dix mètres.......................	dam.
MÈTRE (1)........	*Unité fondamentale*.............	m.
Décimètre.........	Dixième du mètre.................	dm.
Centimètre........	Centième du mètre................	cm.
Millimètre........	Millième du mètre................	mm.

(1) Le *mètre* est la longueur à la température de zéro du Prototype international, en platine iridié, qui a été sanctionné par la Conférence générale

NOMS.	VALEURS.	SIGNES abréviatifs.
	Mesures agraires.	
Hectare...........	Cent ares ou dix mille mètres carrés.	ha.
ARE..............	Cent mètres carrés.................	a.
Centiare..........	Centième de l'are ou mètre carré...	ca ou m^2.
	Mesures des bois.	
Décastère.........	Dix stères........................	das.
STÈRE............	Mètre cube........................	s ou m^3.
Décistère.........	Dixième au stère..................	ds.
	Mesures de masse ou de poids [1].	
Tonne.............	Mille kilogrammes..................	t.
Quintal métrique..	Cent kilogrammes..................	q.
KILOGRAMME [2].	*Unité fondamentale*	kg.
Hectogramme......	Cent grammes.....................	hg.
Décagramme.......	Dix grammes......................	dag.
GRAMME...........	Millième du kilogramme...........	g.
Décigramme.......	Dixième du gramme................	dg.
Centigramme......	Centième du gramme...............	cg.
Milligramme.......	Millième du gramme...............	mg.

des Poids et Mesures tenue à Paris en 1889 et qui est déposé au Pavillon de Breteuil, à Sèvres.

La copie n° 8 de ce Prototype international, déposée aux Archives nationales, est l'étalon légal pour la France.

La longueur du mètre est très approximativement la dix-millionième partie du quart du méridien terrestre, qui a été prise comme point de départ pour l'établir.

L'unité de *surface* et l'unité de *volume* sont respectivement le mètre carré (m^2) et le mètre cube (m^3). On donne à la première le nom de *centiare* quand elle s'applique à la mesure des terrains, et à la seconde le nom de *stère* quand elle s'applique à la mesure des bois.

[1] La *masse* d'un corps correspond à la quantité de matière qu'il contient; son *poids* est l'action que la pesanteur exerce sur lui. En un même lieu, ces deux grandeurs sont proportionnelles l'une à l'autre; dans le langage courant, le terme *poids* est employé dans le sens de *masse*.

[2] Le *kilogramme* est la masse du Prototype international, en platine iridié, qui a été sanctionné par la Conférence générale des Poids et Mesures tenue à Paris en 1889, et qui est déposé au Pavillon de Breteuil, à Sèvres.

La copie n° 35 de ce Prototype international, déposée aux Archives nationales, est l'étalon légal pour la France.

La masse du kilogramme est très approximativement celle de 1 décimètre

NOMS.	VALEURS.	SIGNES abréviatifs.
	Mesures de capacité.	
Kilolitre...........	Mille litres........................	kl.
Hectolitre.........	Cent litres.........................	hl.
Décalitre..........	Dix litres..........................	dal.
LITRE ([1]).........		l.
Décilitre...........	Dixième du litre..................	dl.
Centilitre..........	Centième du litre................	cl.
Millilitre...........	Millième du litre..	ml.
	Monnaies.	
FRANC.............	Cinq grammes d'argent au titre légal.	»
Décime............	Dixième du franc..................	»
Centime...........	Centième du franc................	»

cube d'eau à son maximum de densité, qui a été prise comme point de départ pour l'établir.

([1]) Le *litre* est le volume occupé par un kilogramme d'eau pure à son maximum de densité et sous la pression atmosphérique normale.

Le volume du litre est très approximativement égal à 1 décimètre cube.

ART. 2.

Le Ministre du Commerce, de l'Industrie, des Postes et des Télégraphes est chargé de l'exécution du présent décret, qui sera publié au *Journal officiel* et inséré au *Bulletin des lois*.

Fait à Paris, le 28 juillet 1903.

ÉMILE LOUBET.

Par le Président de la République :

Le Ministre du Commerce, de l'Industrie, des Postes et Télégraphes,

GEORGES TROUILLOT.

ANNEXE.

BUREAU NATIONAL DES POIDS ET MESURES.

Séance du 28 *juillet* 1903.

RAPPORT

SUR LES

MODIFICATIONS A APPORTER AU TABLEAU DES MESURES LÉGALES.

Le texte de la loi du 4 juillet 1837, rendant obligatoire en France le Système métrique décimal, est suivi d'un Tableau des mesures légales, qui donne : la nomenclature des unités des diverses espèces et de leurs multiples et sous-multiples; les valeurs de ceux-ci en fonction des unités principales; la définition des unités fondamentales, et enfin l'indication des prototypes qui les représentent, — conformément aux dispositions des lois des 18 germinal an III et 19 frimaire an VIII, qui avaient institué le Système métrique. La modification introduite dans cette dernière loi par le projet qui vient d'être, à la suite des délibérations du Bureau national des Poids et Mesures, présenté par le Gouvernement et adopté par les deux Chambres, entraîne aussi forcément quelques modifications dans le Tableau dont il s'agit. Le projet de loi lui-même prévoit ces modifications dans son article 2, qui est ainsi conçu :

« Art. 2. — Le Tableau des mesures légales annexé à la loi du 4 juillet 1837 sera modifié, conformément à l'article précédent, par décret rendu après avis du Bureau national des Poids et Mesures. »

Avant d'indiquer les modifications que nous proposons d'introduire dans le Tableau, il sera peut-être utile de donner quelques explications, dans le but surtout de définir quelques termes avec la rigueur du langage scientifique moderne.

MÈTRE.

Le nom du Mètre est accompagné, dans le Tableau, des indications suivantes :

dans la colonne intitulée VALEUR :

« Unité fondamentale des Poids et Mesures (dix-millionième partie du quart du méridien terrestre) »,

et dans la colonne intitulée OBSERVATIONS :

« L'étalon prototype en platine, déposé aux Archives le 4 messidor an VII, donne la longueur légale du Mètre quand il est à la température zéro. »

Le Mètre a donc *deux* définitions : l'une basée sur les dimensions de la Terre; l'autre basée sur un étalon matériel qui en donne la valeur légale. Dans la pensée des créateurs du Système métrique, la première était la véritable définition de l'unité de longueur; la seconde en était une simple représentation, que l'on supposait avoir été réalisée par des procédés assez parfaits pour qu'il fût difficile, sinon impossible, d'en dépasser l'exactitude, et pour assurer l'identité des deux définitions. En adoptant un tel point de départ, les fondateurs du système obéissaient à une double préoccupation. Tout d'abord, ils comptaient que le caractère universel et, pour ainsi dire, impersonnel au point de vue national, donné à la base fondamentale de leur système de mesures, faciliterait son acceptation par tous les peuples, et conduirait à son extension progressive sur toute l'étendue du globe civilisé; il n'est guère douteux que, à ce point de vue, leurs prévisions ne se soient trouvées justifiées. En second lieu, ils pensaient fixer ainsi d'une manière immuable, à tout jamais, la valeur de l'unité, et fournir, en prenant sa base dans la nature, un moyen de la retrouver identique, à un moment quelconque, dans le cas où l'étalon viendrait à être perdu ou altéré. Sur ce second point, l'avenir devait leur donner tort.

Le développement de la Géodésie et l'accroissement continu de nos connaissances sur la forme et les dimensions de notre globe ont déjà modifié sensiblement des résultats qu'on croyait définitifs à la fin du XVIIIe siècle. D'après l'ensemble des déterminations les plus modernes, la dix-millionième partie du quart du méridien terrestre est plus longue que le Mètre de $0^{mm},187$. Mais ce résultat lui-même est évidemment transitoire. Il répond à l'état actuel de nos connaissances, et est susceptible d'être modifié à mesure que les travaux, qui s'exécutent journellement sur toute la surface de la Terre viendront ajouter de nouvelles données aux données encore imparfaites que nous possédons aujourd'hui. Si donc le Mètre devait représenter réellement et exactement sa définition originelle, on serait conduit — sans même faire intervenir ici les questions encore controversées de changements possibles avec le temps dans les dimensions du globe et de l'inégalité des différents méridiens — à avoir une unité qui aurait le pire de tous les défauts, celui d'être incessamment variable.

Ce n'est pas tout. Les progrès réalisés en Métrologie, c'est-à-dire dans la construction et dans la détermination des étalons de premier ordre, ont laissé loin derrière eux ceux des mesures géodésiques, quelque importants qu'aient été ces derniers depuis l'époque de la création du Système métrique. Il n'y a là rien qui doive surprendre. Les mesures géodésiques et, en particulier, celles qui peuvent servir à établir le rapport entre le Mètre et le méridien terrestre constituent des opérations prodigieusement complexes, qui, par leur nature, les conditions dans lesquelles elles doivent être effectuées, et leur immense étendue, comportent des causes d'incertitudes ou d'erreurs considérables relativement à celles des opérations métrologiques, incomparablement plus simples et plus aisées, qui se font dans un laboratoire. Il en résulte que, si nous supposions l'unité métrique perdue, et si nous voulions, conformément à l'idée des fondateurs du système, la retrouver en partant des notions actuellement acquises sur la valeur du méridien terrestre, nous la reproduirions difficilement avec une précision probable de l'ordre du cent-millième, précision quarante ou cinquante fois inférieure à celle avec laquelle peut être déterminé un étalon bien construit, et huit ou dix fois inférieure à celle qui s'atteint couramment dans beaucoup de mesures scientifiques et qui est même demandée aujourd'hui dans un certain nombre d'applications techniques et industrielles. La restauration de l'unité s'effectuerait avec beaucoup plus de sûreté et d'exactitude au moyen d'une simple copie, qui aurait été authentiquement comparée à l'étalon primitif, et dont l'état de conservation pourrait être garanti.

Les remarques qui précèdent sont générales; elles s'appliqueraient également à d'autres bases, que l'on avait aussi cherché autrefois à trouver dans la nature, par exemple au pendule battant la seconde, qui fut proposé tout d'abord comme point de départ pour la définition du Mètre, mais qu'on abandonna parce que son adoption aurait impliqué forcément la désignation du lieu particulier où sa longueur fixerait l'unité. En Angleterre, au contraire, l'Acte du Parlement de 1824, qui sanctionnait officiellement, comme unité fondamentale du Système britannique, le vieil étalon du Yard construit par Bird en 1760, fixait en même temps le rapport de cet étalon au pendule, et stipulait que, en cas de perte ou d'altération, ce rapport servirait à reproduire l'unité. L'occasion ne tarda guère de mettre à l'épreuve cette disposition législative. Dix ans plus tard, cet étalon fut détruit dans le grand incendie qui dévora en 1834 le palais de Westminster. Or la Commission de savants anglais qui fut chargée par le Gouvernement de reconstituer les étalons, et qui fit à cette occasion un travail absolument remarquable et de premier ordre, rejeta d'emblée, en dépit de la loi, comme tout à fait insuffisant et incertain, le procédé que celle-ci avait prétendu imposer. Aujourd'hui encore, malgré les progrès qui ont été réalisés depuis dans l'étude du pendule, entre les mains de physiciens et de géodésiens éminents, ce moyen ne permettrait guère de retrouver l'unité avec une précision supérieure à celle que l'on obtiendrait en la dérivant de la mesure du méridien.

Ainsi, par suite des progrès accomplis dans l'art des mesures, on en est arrivé peu à peu à abandonner l'idée des *unités naturelles,* et à considérer une unité fondamentale comme une grandeur arbitraire et conventionnelle, dont la valeur est définie et fixée par l'étalon accepté par le consentement de tous comme en étant la représentation matérielle. Des deux modes de définition du Mètre inscrits dans notre ancienne législation, et qui, conservés l'un à côté de l'autre, conduisent à une incompatibilité, un seul répond à une réalité. Sans donc méconnaître la grandeur de la conception première des fondateurs du Système métrique, ni l'utile influence qu'elle a sans doute exercée sur l'extension de ce système en dehors des limites de notre pays, nous ne pouvons considérer aujourd'hui le rapport du Mètre au méridien que comme une relation approchée, dont l'emploi peut d'ailleurs être encore très commode dans certaines applications, mais qui est incapable de définir l'unité avec la précision dont nous avons besoin, non plus que d'en garantir la conservation avec le temps. Ainsi, en tenant compte de la modification à apporter à la loi de 1837, nous dirons simplement que le Mètre est la longueur du Prototype international, à la température de zéro.

Les considérations qui précèdent montrent, comme conséquence, toute l'importance qui s'attache à la conservation du Prototype. Elles justifient les soins tout à fait spéciaux qui ont présidé aux dispositions prises en vue de cette conservation. Elles expliquent la préoccupation qu'ont eue de tout temps les métrologistes de se ménager des moyens de contrôler le Prototype, de s'assurer autant que possible qu'il n'a éprouvé aucune variation, ni spontanée, par suite des transformations moléculaires qui affectent parfois la structure intime de la matière, ni provoquée, par suite de causes accidentelles. C'est dans ce but que le Mètre prototype international est accompagné de *témoins*, enfermés avec lui dans son dépôt, c'est-à-dire d'autres étalons qui lui ont été très soigneusement comparés; la constance de leurs rapports mutuels, si elle se vérifie dans la suite des temps, constituera, sinon une certitude absolue, au moins une présomption extrêmement probable de la constance des uns et des autres.

Les nombreuses copies de premier ordre (une trentaine environ) qui, après avoir été exactement déterminées, ont été distribuées, sous le nom de *prototypes nationaux,* dans les divers pays du monde civilisé, et y sont également conservées avec le plus grand soin, pourraient aussi, le cas échéant, jouer un rôle dans ces vérifications, et accroître notre certitude. Enfin, les progrès de la Physique ont permis, dans ces dernières années, de trouver dans les phénomènes de la haute optique un critérium beaucoup plus parfait et plus aisément accessible que ceux auxquels on avait pensé autrefois. Sans aborder ici une question qui sortirait tout à fait de l'objet de ce Rapport, je me bornerai à indiquer que ce critérium nous est fourni par les longueurs d'ondes de certaines radiations lumineuses bien définies et susceptibles d'être reproduites à volonté. Ces longueurs d'ondes constituent des repères invariables, que l'on est parvenu à rapporter, par des méthodes extrêmement ingénieuses et délicates, à l'unité définie par le Prototype, avec une précision qui est peu inférieure à celle avec laquelle ce Prototype lui-même peut être directement mesuré; ils donneraient le moyen d'y déceler avec sûreté des variations extrêmement petites, si elles venaient à se produire. Le programme est d'ailleurs déjà fait de nouvelles expériences, qui seront exécutées prochainement, dans la même voie, et dans lesquelles on tâchera d'atteindre une exactitude encore plus grande. Ainsi on peut dire que la permanence indéfinie, dans l'avenir, du système de mesures basé, comme unité fondamentale, sur la longueur du Mètre prototype international, est assurée de bien des manières, avec des garanties qui n'ont jamais été réalisées au même degré, à beaucoup près, pour aucun autre système.

En résumé, il y a donc lieu de faire disparaître, dans le Tableau des mesures légales, la dualité de définition du Mètre, qui, aujourd'hui, constitue une erreur de fait, en même temps qu'elle conduirait à une incompatibilité, et d'indiquer l'unité fondamentale du Système métrique comme définie uniquement par la longueur du Mètre international à zéro. A côté, il sera toutefois utile de conserver l'indication du rapport du Mètre au quadrant terrestre, mais seulement comme une relation approchée, ayant servi à établir, à l'origine, la valeur de cette unité.

KILOGRAMME.

Le Kilogramme est défini par la loi de 1837, ainsi que dans le langage ordinaire, comme étant l'unité de *poids;* pour le physicien, il est l'unité de *masse.* Il y a donc, sur ce point, entre le langage courant et le langage scientifique, un désaccord, à propos duquel il ne sera peut-être pas inutile de donner aussi quelques brèves explications.

Les notions de *poids* et de *masse* sont très généralement confondues. Elles représentent pourtant deux choses essentiellement différentes. La masse est ce qui caractérise une quantité donnée de matière, ce qui reste invariable tant qu'on n'y ajoute ou qu'on n'en retranche rien. Le poids est l'action que la pesanteur exerce sur cette matière; dans la notion de cette dernière grandeur intervient par conséquent l'attraction terrestre. La masse d'un corps est constante, et ne dépend à aucun degré des conditions extérieures dans lesquelles il est placé. Son poids change aussitôt qu'on le déplace d'un lieu à un autre, parce que la gravité varie avec la latitude et avec l'altitude. Si la distinction entre ces deux notions reste cependant confuse dans beaucoup d'esprits, cela tient d'abord à ce que, presque toujours, nous évaluons comparativement les masses par l'intermédiaire des poids, en appliquant un procédé par lequel l'influence des variations de la pesanteur se trouve éliminée : en même temps que la matière dont la quantité doit être déterminée, nous transportons avec nous, quel que soit le lieu où nous opérons, la masse-étalon par laquelle cette quantité doit être mesurée, et nous les équilibrons l'une par l'autre aux extrémités d'un même levier; dans ces conditions, les variations de la pesanteur agissent également de part et d'autre, et nous obtenons une *masse* constante et correcte, bien que les deux *poids* comparés aient, par le fait, changé l'un et l'autre. D'autre part, la variation de la pesanteur à la surface de notre globe est assez faible ($\frac{1}{200}$ environ du pôle à l'équateur) pour que, alors même que, par exception, nous avons recours à d'autres procédés que celui de la balance, les conséquences qui en résultent restent négligeables dans les limites d'exactitude qu'on demande aux mesures usuelles. C'est ainsi, par exemple, qu'un peson ou dynamomètre à ressort qui aurait été ajusté et gradué à Paris serait considéré comme fournissant encore des indications justes à Dunkerque ou à Perpignan.

Mais, si ces conséquences sont insensibles dans les applications de la vie courante, elles apparaissent dans les déterminations rigoureuses de la science. Aussi, depuis longtemps, les physiciens qui ont porté spécialement leur attention sur ces questions, et qui ont cherché à établir des systèmes coordonnés dans lesquels les unités des diverses grandeurs fussent reliées logiquement entre elles, conformément aux relations naturelles de ces grandeurs, ont vite reconnu les complications et les difficultés qui résultaient, pour leur définition et leur emploi, de l'introduction du *poids* comme unité fondamentale. Parmi eux il faut citer avant tous l'illustre Gauss, qui fut frappé de ces inconvénients lorsqu'il voulut instituer un système général d'observations du champ magnétique terrestre, comportant des mesures dans des pays où l'intensité de la pesanteur est très différente. Plus tard, lorsque l'Association britannique créa, il y a une quarantaine d'années, le système coordonné qui, modifié en quelques points et étendu de manière à embrasser l'universalité de toutes les grandeurs physiques et mécaniques, devait devenir le Système C.G.S., elle suivit les idées de Gauss et adopta le *gramme-masse* pour l'une des trois unités fondamentales de ce système. Aussi, quand, en 1887, le Comité international des Poids et Mesures décidait que le Kilogramme prototype international représentait l'unité de *masse*, il n'innovait rien, mais consacrait seulement, en lui donnant en quelque sorte une formule officielle, une manière de voir qui était déjà celle de la généralité des physiciens et des métrologistes de tous les pays. Les Conférences générales des Poids et Mesures de 1889, puis de 1901, dans lesquelles les Gouvernements de la Convention du Mètre étaient représentés par les savants les plus autorisés et les plus compétents, ont encore confirmé, avec plus de solennité, cette décision, qui a déjà, du reste, passé d'une façon explicite dans le texte des lois de quelques pays ([1]).

Il n'est guère douteux, d'ailleurs, que, en définissant le kilogramme comme étalon de masse, on ne se rapproche des intentions des fondateurs du Système métrique. Sans doute, à leur époque, la distinction entre les deux notions n'avait pas, dans les esprits, la netteté qu'elle a acquise depuis; la terminologie était vague et flottante; les mots de *poids* et de *masse* étaient souvent employés indifféremment et comme synonymes. Néanmoins, c'est évidemment l'idée de quantité de matière qui domine et se dégage de l'examen des travaux des créateurs du Kilogramme. « Comme tous les corps,

---

([1]) Voici le texte de la résolution, relative à cette question, qui a été votée dans la séance du 22 octobre 1901, par la troisième Conférence générale des Poids et Mesures :

« Vu la décision du Comité international des Poids et Mesures du 15 octobre 1887, par laquelle le Kilogramme a été défini comme unité de masse;

» Vu la décision contenue dans la formule de sanction des prototypes du Système métrique, acceptée à l'unanimité par la Conférence générale des Poids et Mesures dans la réunion du 26 septembre 1889;

» Considérant la nécessité de faire cesser l'ambiguïté qui existe encore dans l'usage courant sur la signification du terme *poids,* employé tantôt dans le sens du terme *masse,* tantôt dans le sens du terme *effort mécanique;*

» La Conférence déclare :

» 1° Le *Kilogramme* est l'unité de masse; il est égal à la masse du prototype international du Kilogramme;

» 2° Le terme *poids* désigne une grandeur de la même nature qu'une *force;* le poids d'un corps est le produit de la masse de ce corps par l'accélération de la pesanteur; en particulier, le poids normal d'un corps est le produit de la masse de ce corps par l'accélération normale de la pesanteur;

» 3° Le nombre adopté dans le Service international des Poids et Mesures pour la valeur de l'accélération normale de la pesanteur est $980{,}665\,\frac{\text{cm}}{\text{sec}^2}$, nombre sanctionné déjà par quelques législations. »

(*Comptes rendus de la troisième Conférence générale des Poids et Mesures,* p. 68. Paris, 1901).

dit Trallès [1], ne contiennent pas des quantités égales de matière dans des volumes égaux, il faut encore une seconde détermination pour l'unité de la quantité de matière, l'indication précise d'un corps physique. Ce corps, sous un volume déterminé, constitue alors l'unité adoptée pour la quantité de matière ou l'unité de poids, parce que nous mesurons le plus ordinairement la quantité de matière par son poids. »

Qu'on me permette encore une citation : « Qu'est-ce, dit Van Swinden [2], qu'une masse de métal qu'on nomme *Kilogramme?* C'est le représentatif d'une masse d'eau, prise à son maximum de condensation, contenue dans le cube du décimètre et pesée dans le vide. Nos deux kilogrammes de platine et de laiton, ces deux représentatifs d'une même masse d'eau, doivent donc avoir le même poids dans le vide; mais, par là même, ils ne peuvent être égaux que là, et doivent être inégaux dans l'air. » Nous ne parlerions pas plus correctement aujourd'hui.

Du reste, l'absence complète de toute mention d'un lieu déterminé auquel le résultat de la pesée devrait être rapporté suffirait, semble-t-il, pour indiquer que les créateurs du Kilogramme avaient bien en vue l'unité d'une grandeur entièrement indépendante de la gravité.

Enfin, il est permis de remarquer que le mot *poids*, dans l'acception qu'on lui donne communément, répond en réalité à la signification que les physiciens donnent au mot *masse*. En effet, dans la transaction commerciale la plus vulgaire, ce qui occupe l'esprit de l'acheteur aussi bien que du vendeur, ce qui importe à l'un comme à l'autre, ce n'est pas assurément l'action exercée par l'attraction terrestre sur la marchandise qui les met en présence, c'est la quantité de cette marchandise que l'un doit livrer et l'autre recevoir pour un prix donné; et on les surprendrait sans doute tous les deux si on leur disait que cette quantité pourrait, suivant le mode de mesure qui serait employé, être variable, toutes choses étant égales d'ailleurs, par le seul fait que la mesure en serait faite en un autre lieu.

Cette dernière remarque permettrait, semble-t-il, de donner satisfaction d'une façon suffisante, dans la nomenclature des diverses

---

(1) *Base du système métrique décimal*, t. III, p. 559.
(2) *Base du système métrique décimal*, t. III, p. 644.

unités du Système métrique, à la fois à l'exactitude scientifique et à des habitudes de langage profondément enracinées et qu'on ne saurait songer à réformer. Il suffirait d'intituler la section du Tableau des mesures légales relatives au Kilogramme et à ses multiples et sous-multiples : « *Mesures de masse ou de poids* ». Une courte note reproduirait la définition de ces termes et indiquerait l'acception que donne au dernier le langage ordinaire.

Une seconde question qui se pose encore à propos du Kilogramme est celle de sa valeur. Le Tableau des mesures légales porte, à côté du nom du Kilogramme, les mentions suivantes :

dans la colonne intitulée VALEUR :

« Mille grammes. Poids dans le vide d'un décimètre cube d'eau distillée à la température de quatre degrés centigrades » ;

et dans la colonne intitulée OBSERVATIONS :

« L'étalon prototype en platine déposé aux Archives le 4 messidor an VII, donne, dans le vide, le poids légal du Kilogramme ».

On lit aussi, à côté du mot *Gramme :*

« Poids d'un centimètre cube d'eau à quatre degrés centigrades ».

Ainsi, ici comme pour le Mètre, nous trouvons deux définitions pour le Kilogramme : l'une par le poids (mot que nous prendrons dorénavant dans le sens de masse) d'une certaine quantité d'eau dans des conditions données ; l'autre par un étalon matériel en platine qui a été réalisé dans le but de représenter une masse identique. Or, cette réalisation a été obtenue par une série d'expériences, par des opérations physiques et des mesures, qui, comme toute opération et toute mesure, étaient inévitablement sujettes à des causes d'incertitudes et d'erreurs. Il y a donc lieu de présumer, *a priori*, que, de même que le Mètre ne représente qu'approximativement la dix-millionième partie du quadrant terrestre, de même le Kilogramme ne représente qu'approximativement la masse d'un décimètre cube d'eau à son maximum de densité. Cette hypothèse est d'autant plus légitime que le problème était l'un des plus difficiles que puisse aborder le métrologiste, comme l'ont surabondamment montré les résultats extraordinairement incohérents qui ont été obtenus par la plupart des observateurs qui l'ont repris, depuis le commencement du XIXe siècle, et ont essayé de fixer l'erreur du Kilogramme de Lefèvre-Gineau et Fabbroni par rapport à sa définition théorique. En effet, les premiers en date, Schuckburgh et Kater, trouvent que le Kilogramme est trop léger de 457 milligrammes; en 1821, Stampfer le trouve trop lourd de 250 milligrammes; en 1825, Berzélius, Svanberg et Akerman le déclarent trop léger de 296 milligrammes; en 1841, Kupffer, après plusieurs années de recherches très soignées, réduit l'erreur à + 62 milligrammes, mais comme moyenne de deux résultats malheureusement très peu concordants; enfin, en 1890, M. Chaney est conduit à attribuer aussi au Kilogramme une erreur de même sens, mais montant à + 177 milligrammes.

On le voit, si l'on avait voulu corriger l'étalon d'après ces diverses déterminations, on aurait été amené à créer successivement toute une série de kilogrammes singulièrement différents. Les physiciens n'ont jamais eu la pensée de céder à cette tentation; heureusement; car des études plus récentes, dans lesquelles on a mis en œuvre des méthodes plus perfectionnées ou entièrement nouvelles, ont prouvé que le résultat de Lefèvre-Gineau était notablement plus rapproché de la vérité que ceux de toutes les mesures que je viens de rappeler et qui ont été instituées, après lui, pour le contrôler. D'après ces déterminations, le Kilogramme est un peu trop lourd, comme l'ont trouvé Kupffer et M. Chaney; mais son erreur est presque sûrement comprise entre + 30 et + 50 milligrammes, soit à peu près $\frac{1}{25000}$, probablement plus près de la première limite. On peut espérer que ces études, qui se poursuivent encore actuellement, fixeront la valeur de cette constante physique avec l'approximation du centigramme, soit au cent-millième près; mais, étant données la nature du problème et les difficultés dont il est hérissé, il n'est guère problable que, de longtemps encore, on dépasse sensiblement cette exactitude. Si, d'autre part, on considère que la comparaison de deux kilogrammes peut se faire, avec nos instruments et par nos méthodes modernes, avec la précision du centième de milligramme, c'est-à-dire au cent-millionième près, on conclura que, pour le Kilogramme comme pour le Mètre, tout d'abord la dualité de définition inscrite dans notre ancienne législation implique une incompatibilité; et, en second lieu, que la définition théorique qui a servi de base pour l'établissement de l'unité n'en peut aussi donner qu'une valeur approchée, et serait incapable de contrôler l'étalon qui représente celle-ci et qui en fournit en réalité la véritable et unique définition.

On ne saurait trop admirer, il est bon de le dire en passant, la perfection avec laquelle les fondateurs du Système métrique ont réalisé le représentant matériel de l'unité de masse, puisque, ainsi qu'on vient de le voir, tous ceux qui ont abordé le problème après eux en ont donné des solutions bien inférieures, et que, aujourd'hui encore, en mettant en œuvre les moyens très perfectionnés de la métrologie moderne, nous n'arrivons que très difficilement à assurer à nos résultats une exactitude sensiblement supérieure à la leur. Laissant de côté toute discussion de détail, nous pouvons affirmer qu'une telle perfection ne pouvait être atteinte que par des physiciens possédant une entente complète des procédés de la métrologie, une habileté consommée, secondée par des soins minutieux, dans l'exécution des expériences, et un sens critique de premier ordre dans la discussion des observations.

LITRE.

L'unité de volume est naturellement donnée, dans un système rationnel, par le cube de l'unité de longueur. Pour exprimer le volume d'un corps, il suffirait donc de le déduire de la mesure de ses dimensions linéaires. Dans la pratique, toutefois, un tel procédé est rarement utilisable. Il ne peut s'appliquer évidemment qu'à des corps de forme géométrique régulière ; et même, dans ce cas, il comporte, lorsqu'on veut atteindre un haut degré d'exactitude, de très grandes difficultés. Ainsi, on est amené à mesurer les volumes par des pesées, en s'appuyant sur le rapport de définition théorique de l'unité de masse à l'unité de volume. Cette dernière unité est alors désignée comme unité de *capacité*, parce que c'est effectivement le plus souvent dans la détermination des volumes intérieurs de vases ou récipients que ce procédé est employé ; et elle prend le nom de *Litre*, le Litre étant considéré, ainsi que l'indique le Tableau des mesures légales, comme égal au décimètre cube.

La relation (tout artificielle d'ailleurs, et fondée sur les propriétés particulières d'un corps arbitrairement choisi, l'eau à son maximum de densité) qui est établie, dans le Système métrique, entre l'unité de masse et l'unité de volume, est d'une très grande commodité dans la pratique. Si l'on y ajoute la convention de rapporter les densités de tous les corps à la densité maximum de l'eau, elle conduit à cette conséquence que le volume d'un corps de densité 1 et sa masse sont exprimés par le même nombre. Cette identité, toutefois, n'existe évidemment que dans les limites de l'exactitude avec laquelle le Kilogramme répond à sa définition théorique. Or, nous venons de voir que, d'après les déterminations les plus récentes et les plus sûres, il réalise cette définition avec une approximation de l'ordre de $\frac{1}{25000}$ environ. Cette approximation est beaucoup plus que suffisante pour satisfaire à tous les besoins, non seulement de la pratique ordinaire, mais même d'un très grand nombre d'applications scientifiques. Mais, lorsqu'il s'agit de déterminations volumétriques très précises, dans lesquelles on prétend aller au delà de cette limite, il n'en est plus de même. Le nombre qui exprime la masse en kilogrammes exprime alors en même temps le volume, non plus en fonction du décimètre cube, mais en fonction d'une autre unité, très peu différente, qui est le volume occupé par 1 kilogramme d'eau pure à son maximum de densité. On est convenu aujourd'hui de réserver le mot de *Litre* pour désigner cette dernière unité. Cette proposition, faite d'abord par le Comité international des poids et mesures, a été adoptée très généralement par les physiciens, et elle a été en dernier lieu sanctionnée par une résolution de la Conférence générale de 1901 (¹). Le *Litre* est donc le vo-

---

(¹) Voici le texte de la déclaration votée, relativement à cette question, par la troisième Conférence générale des poids et mesures, dans sa séance du 3 octobre 1901 :

« Considérant que les recherches les plus précises concernant la détermination du volume occupé par 1 kilogramme d'eau pure à son maximum de densité ont démontré, conformément aux premières définitions des unités métriques, l'égalité à peu près parfaite entre ce volume et le cube du décimètre;

» Mais, considérant que la différence entre ces deux grandeurs a pu cependant être mise en évidence par des procédés de mesure très délicats, et qu'elle ne peut plus être négligée dans des déterminations volumétriques de haute précision;

» Considérant ensuite que la densité de l'eau varie, non seulement avec la température, mais aussi avec la pression, et que les définitions adoptées jusqu'ici n'ont pas tenu compte de cette dernière variation;

» Considérant enfin que les déterminations de volumes au moyen de liquides sont en général plus simples que celles qui résultent des mesures linéaires et sont susceptibles d'une précision supérieure;

» La Conférence déclare :

» 1° L'unité de volume, pour les déterminations de haute précision, est le volume occupé par la masse de 1 kilogramme d'eau pure à son

lume occupé par la masse de 1 kilogramme d'eau pure, à son maximum de densité; et, comme la densité de l'eau change avec la pression qu'elle supporte, il faut encore, pour que la définition soit tout à fait précise, ajouter : et sous la pression atmosphérique normale. Le rapport du Litre au décimètre cube est évidemment le même que le rapport du Kilogramme vrai au Kilogramme théorique. Ces unités peuvent d'ailleurs être considérées comme identiques, et prises indifféremment l'une pour l'autre, dans toutes les applications de la pratique ordinaire, et, en général, lorsque les mesures ne comportent pas une précision supérieure à un vingt-cinq millième environ; leur distinction s'impose au contraire dans les déterminations de haute précision.

CONCLUSIONS.

Telles sont les observations que nous paraissent appeler les modifications à introduire dans le Tableau des mesures légales annexé à la loi de 1837. En résumé, il devra évidemment tout d'abord contenir l'indication des nouveaux Prototypes internationaux, substitués aux anciens étalons des Archives, et reconnus maintenant par la loi comme bases du Système métrique et représentant les deux unités fondamentales desquelles dérivent toutes les autres. En second lieu, nous considérons comme absolument désirable que, sans surcharger ce Tableau d'explications ou de notions scientifiques qui lui feraient perdre le caractère de simplicité adapté à l'objet pratique en vue duquel il est fait, on y ajoute, dans quelques courtes notes, les définitions les plus indispensables de quelques termes, conformément aux idées des hommes de science d'aujourd'hui et aux décisions prises par les corps savants les plus autorisés, en modifiant ou faisant disparaître les définitions

---

maximum de densité et sous la pression atmosphérique normale; ce volume est dénommé *Litre;*

» 2° Dans les déterminations de volume qui ne comportent pas un haut degré de précision, le décimètre cube peut être envisagé comme équivalent au Litre; et, dans ces déterminations, les expressions des volumes basées sur le cube de l'unité linéaire peuvent être substituées à celles qui sont rapportées au Litre tel qu'il vient d'être défini. »

(*Comptes rendus de la troisième Conférence générale*, p. 36, Paris, 1901.)

qui sont devenues des erreurs de faits ou de véritables incorrections.

Enfin il serait peut-être utile de faire suivre ce Tableau de l'indication des signes abréviatifs à adopter pour la désignation des diverses unités et de leurs multiples ou sous-multiples. En effet, les abréviations pour la désignation des différents poids et mesures constituent un besoin réel pour l'écriture, l'impression et le calcul; elles sont, par suite, beaucoup plus fréquemment employées que les noms complets. Mais leur choix étant laissé à chacun, un arbitraire absolu y règne en maître, et des erreurs ou confusions en peuvent naître facilement. Le Comité international des Poids et Mesures, à la suite d'une démarche faite auprès de lui par le Département du Commerce et de l'Agriculture de la Suisse, a étudié très soigneusement cette question, et, après discussions approfondies, a proposé en 1879 un Tableau dans lequel les symboles et abrévations ont été établis suivant une règle systématique, et de manière à s'adapter aussi bien que possible aux principales langues de tous les pays dans lesquels le Système métrique est employé. L'usage de ces abréviations s'est déjà beaucoup répandu; un grand nombre de périodiques scientifiques, parmi les plus importants, en France et à l'étranger, les ont adoptées définitivement, et plusieurs maisons d'imprimerie les introduisent, autant que les auteurs le leur permettent, dans toutes les publications qui sortent de leurs presses.

Nous reproduisons ci-après le Tableau de ces abréviations, tel que l'a établi le Comité international, et le complétons en quelques points, en nous laissant guider par les mêmes règles. Il suffirait de reproduire ces signes abréviatifs dans une colonne spéciale ajoutée au Tableau des mesures légales.

En conséquence des considérations développées dans le présent Rapport, nous proposons de soumettre à l'approbation du Gouvernement le projet de décret ci-après (1).

Le rapporteur,
RENÉ BENOÎT.

---

(1) *Voir* le décret ci-dessus, p. 20.

TABLEAU DES SIGNES ABRÉVIATIFS

pour les Poids et Mesures.

MESURES									
de longueur.		de surface.		de volume.		de capacité.		de masse (ou poids).	
Myriamètre.....	Mm.	Myriamètre carré.	Mm^2	Mètre cube......	m^3	Hectolitre.......	hl.	Tonne..........	t.
Kilomètre.......	km.	Kilomètre carré..	km^2	Stère...........	s.	Décalitre........	dal.	Quintal métrique.	q.
Hectomètre.....	hm.	Hectare.........	ha.	Décimètre cube..	dm^3	Litre..	l.	Kilogramme.....	kg.
Décamètre......	dam.	Are............	a.	Centimètre cube..	cm^3	Décilitre.........	dl.	Hectogramme....	hg.
Mètre..........	m.	Centiare........	ca.	Millimètre cube..	mm^3	Centilitre........	cl.	Décagramme.....	dag.
Décimètre......	dm.	Mètre carré.....	m^2			Millilitre........	ml.	Gramme.........	g.
Centimètre......	cm.	Décimètre carré.	dm^2					Décigramme.....	dg.
Millimètre......	mm.	Centimètre carré.	cm^2					Centigramme....	cg.
Micron.........	μ.	Millimètre carré..	mm^2					Milligramme.....	mg.

PARIS. — IMPRIMERIE GAUTHIER-VILLARS,
36980 Quai des Grands-Augustins, 55.

www.ingramcontent.com/pod-product-compliance
Ingram Content Group UK Ltd.
Pitfield, Milton Keynes, MK11 3LW, UK
UKHW032013260826
14628UKWH00005B/2479

9 782013 253116